I LOVE MY DAD

EU AMO MEU PAPAI

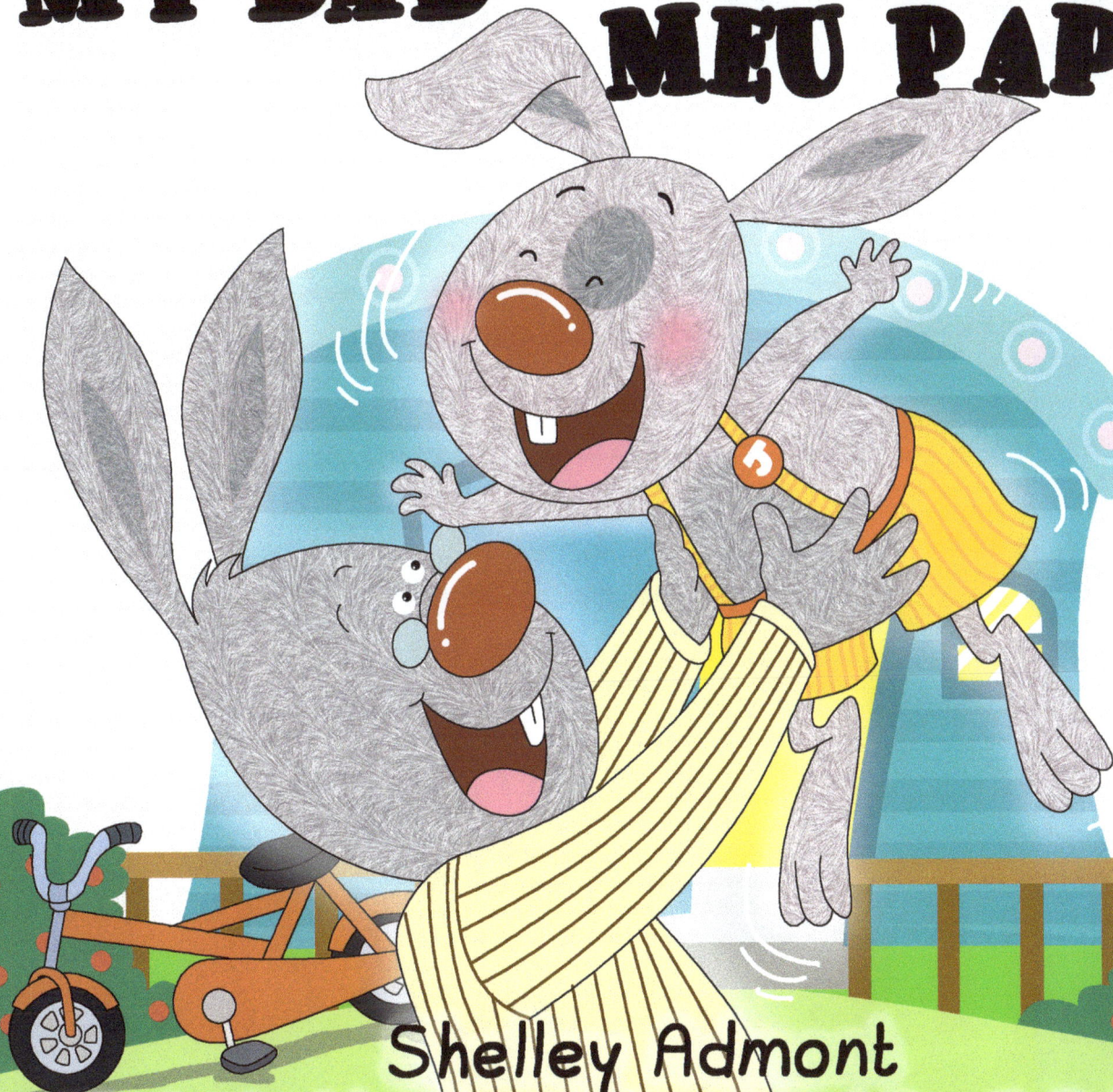

Shelley Admont

Illustrated by Sonal Goyal and Sumit Sakhuja

www.kidkiddos.com

support@kidkiddos.com

First edition, 2017

Translated from English by Chiara Costa
Traduzido do Inglês por Chiara Costa
Portuguese editing by Thais Osti
Edição em Português de Thais Osti

Library and Archives Canada Cataloguing in Publication Data
I Love My Dad (Portuguese Bilingual Edition)/ Shelley Admont
ISBN: 978-1-5259-0417-2 paperback
ISBN: 978-1-5259-0418-9 hardcover
ISBN:978-1-5259-0416-5 eBook

Please note that the Portuguese and English versions of the story have been written to be as close as possible. However, in some cases they differ in order to accommodate nuances and fluidity of each language.

KidKiddos Books

For those I love the most–S. A.

Para aqueles que mais amo–S.A.

One summer day, Jimmy the little bunny and his two older brothers were riding their bicycles. Their dad sat in the backyard, reading a book.

Em um dia de verão, Jimmy o coelhinho e seus dois irmãos mais velhos estavam andando com suas bicicletas. O pai deles sentava no quintal, lendo um livro.

The two older bunnies laughed loudly as they raced. Jimmy tried to catch up on his training wheel bike.

Os dois irmãos mais velhos davam altas gargalhadas enquanto apostavam corrida. Jimmy tentou acompanhar com sua bicicleta de rodinhas.

"Hey, wait for me! I want to race too!" Jimmy shouted. But his brothers were too far away and his bike was too small.

"Ei, esperem por mim! Eu também quero correr!" ele gritou. Mas os seus irmãos estavam muito longe e sua bicicleta era pequena demais.

Soon his brothers returned, giggling to each other. "It's not fair," screamed Jimmy. "I want to ride your big bikes too."

Seus irmãos logo retornaram, dando risadinhas entre si. "Não é justo," bradou Jimmy. "Eu quero andar nessas bicicletas grandes também".

"But Jimmy, you're too small," said his oldest brother.

"Mas Jimmy, você é muito pequeno," disse seu irmão mais velho.

"And you don't even know how to ride a two-wheeler," said the middle brother.

"E você nem sabe como andar em uma bicicleta sem rodinhas," disse o irmão do meio.

"I'm not small!" shouted Jimmy. "I can do everything you can!"

"Eu não sou pequeno!" exclamou Jimmy. "Eu posso fazer tudo que vocês podem!"

He ran to his brothers and grabbed one of the bicycles. "Just watch!" he said.

Ele correu em direção aos seus irmãos e pegou uma das bicicletas. "Apenas observem!" ele disse.

"Be careful!" yelled his oldest brother, but Jimmy didn't listen.

"Cuidado!" gritou seu irmão mais velho, mas Jimmy não deu ouvidos.

Throwing one leg over, he tried to climb the large bike. At that moment, he lost his balance and crashed on the ground, directly into a mud puddle.

Lançou uma das pernas, tentando subir na enorme bicicleta. Nesse Momento, ele perdeu o equilíbrio e espatifou-se no chão, bem dentro de uma poça de lama.

His two older brothers burst out laughing.

Seus dois irmãos mais velhos caíram na gargalhada.

Jimmy jumped on his feet and wiped his muddy hands on his dirty pants.

Jimmy se levantou e limpou suas mãos enlameadas em sua calça suja.

This just caused his brothers to laugh more.

Isso só fez com que seus irmãos rissem ainda mais.

"Sorry, Jimmy," said the oldest brother in between laughter. "It's just too funny."

"Desculpe, Jimmy," disse o irmão mais velho entre risadas. "É que é muito engraçado."

Jimmy couldn't stand it anymore. He kicked the bike and ran home with tears streaming down his face.

Jimmy não poderia mais suportar aquilo. Ele chutou a bicicleta e correu para casa com lágrimas no rosto.

Dad watched his sons from the backyard. He closed his book and went towards Jimmy.

O Papai observava seus filhos do quintal. Ele fechou o livro e foi ao encontro de Jimmy.

"Honey, what happened?" he asked.

"Querido, o que aconteceu?" ele perguntou.

"Nothing," grumbled Jimmy. He tried to wipe away his tears with his dirty hands, but instead he smudged his face even more.

"Nada," grunhiu Jimmy. Ele tentou limpar suas lágrimas com as mãos sujas, mas em vez disso, sujou seu rosto ainda mais.

Dad smiled and said quietly, "I know what can make you laugh…"

O Papai sorriu e disse calmamente, "Eu sei o que pode fazer você rir…"

"Nothing can make me laugh now," said Jimmy, crossing his arms.

"Nada pode me fazer rir agora," disse Jimmy, cruzando os braços.

"Are you sure?" said Dad and began to tickle Jimmy until he smiled.

"Você tem certeza?" disse o Papai, e começou a fazer cócegas em Jimmy até que ele sorriu.

Then he tickled him so much that Jimmy started giggling.

Em seguida ele lhe fez tantas cócegas que Jimmy começou a rir.

They rolled on the grass, tickling each other until they both laughed loudly.

Eles rolaram na grama, fazendo cócegas um no outro até que ambos estavam rindo descontroladamente.

Still hiccupping from his hysterical laughter, Jimmy jumped on Dad's lap and hugged him tight.

Ainda soluçando devido à sua crise de riso, Jimmy pulou no colo do Papai e abraçou-o bem forte.

"I was watching you ride your bike," said Dad, hugging him back.

"Eu estava observando você andar na sua bicicleta," disse Papai, abraçando-o de volta.

"And I think you're ready to ride a two-wheeler."

"E eu acho que você está pronto para andar em uma bicicleta sem rodinhas."

Jimmy's eyes sparkled with excitement. He jumped on his feet. "Really? Can we start now? Please, please, Daddy!"

Os olhos de Jimmy brilharam de emoção. Ele se levantou rapidamente. "Sério? Podemos começar agora? Por favor, por favor, papai!"

"Now you need to take a bath," said Dad smiling. "We can start practicing first thing tomorrow morning."

"Agora você precisa tomar um banho," disse o Papai sorrindo. "Nós podemos começar a treinar amanhã bem cedo."

After a long bath and a family dinner, Jimmy went to bed. That night he could barely sleep.

Depois de um longo banho e do jantar em família, Jimmy foi para a cama. Naquela noite, ele mal conseguiu dormir.

He woke up again and again to check if it was morning.

Ele acordou de novo e de novo para ver se já era de manhã.

As soon as the sun rose, Jimmy ran to his parents' bedroom.

Assim que o sol nasceu, ele correu para o quarto de seus pais.

Jimmy tiptoed towards their bed and gave his father a little shake. Dad just turned to the other side and continued snoring peacefully.

Jimmy caminhou na ponta dos pés até a cama deles e deu em seu pai uma pequena sacudida. Papai virou-se para o outro lado e continuou roncando tranquilamente.

"Daddy, we need to go," Jimmy murmured and pulled off his covers.

"Papai, nós temos que ir," Jimmy murmurou e puxou-lhe as cobertas.

Dad jumped and his eyes flew open. "Ah? What? I'm ready!"

Papai pulou e seus olhos se abriram. "Hã? O quê? Estou pronto!"

"Shhhh..." whispered Jimmy. "Don't wake anybody."

"Psit...", sussurrou Jimmy. "Não acorde ninguém."

While the rest of the family was still sleeping, they brushed their teeth and went out.

Enquanto o resto da família ainda estava dormindo, eles escovaram os dentes e saíram.

As he opened the door Jimmy saw his orange bike, sparkling in the sun. The training wheels were off.

Enquanto abria a porta, Jimmy avistou sua bicicleta laranja brilhando no sol. As rodinhas de apoio foram retiradas.

"Thank you, Daddy!" he shouted as he ran to his bike.

"Obrigado, Papai!" exclamou enquanto disparava em direção a sua bicicleta.

Dad showed him how to mount it and how to pedal. "Let's have some fun!" Dad said, putting a helmet on Jimmy's head.

O Papai mostrou a ele como subir e como pedalar. "Vamos nos divertir um pouco!" ele disse, colocando um capacete na cabeça de Jimmy.

Jimmy took a deep breath, but didn't move.
"Come on. I'll help you into the seat," Dad insisted.

Jimmy respirou bem fundo, mas não se mexeu.
"Vamos lá. Eu vou apoiá-lo no assento," insistiu
Papai.

"Umm..." mumbled Jimmy, his voice shaking.
"I'm...I'm scared. What if I fall again?"

"Umm..." balbuciou Jimmy, sua voz tremendo.
"Eu estou...Eu estou com medo. E se eu cair de
novo?"

"Don't worry," reassured his dad. "I'll stay close to
catch you if you fall."

"Não se preocupe," assegurou seu pai. "Eu vou
ficar perto para lhe pegar se você cair."

Jimmy hopped on his bike and began pedaling slowly.

Jimmy subiu em sua bicicleta e começou a pedalar devagar.

When the bike tipped to the right, Jimmy leaned to the left. When the bike tipped to the left, Jimmy leaned to the right.

Quando a bicicleta pendia para a direita, Jimmy se inclinava para a esquerda. Quando a bicicleta pendia para a esquerda, Jimmy se inclinava para a direita.

Sometimes he fell down, but he didn't give up – he tried over and over again.

Ele caiu algumas vezes, mas não desistiu – ele tentou de novo e de novo.

Morning after morning they practiced together.

Dia após dia eles praticaram juntos.

Dad held on while Jimmy wobbled, and eventually the little bunny learned to pedal fast.

Papai segurava Jimmy enquanto ele balançava, e naturalmente o coelhinho aprendeu a pedalar rápido.

Then one day Dad let go and Jimmy could ride all by himself without falling even once!

Até que um dia, o Papai o soltou e Jimmy conseguiu andar sozinho sem cair uma vez sequer!

Dad smiled. "Now that you know how to ride, you'll never forget it."

O Papai sorriu. "Agora que você aprendeu a andar de bicicleta, nunca mais vai esquecer."

"And I can race too!" exclaimed Jimmy.

"E eu posso correr também!" exclamou Jimmy.

That day Jimmy raced with brothers.

Naquele dia, Jimmy correu com seus irmãos.

Guess who won the race?

Adivinha quem ganhou a corrida?

www.ingramcontent.com/pod-product-compliance
Lightning Source LLC
Chambersburg PA
CBHW040251100426
42811CB00011B/1223